BEATRIZ CANTÚ

WordPower Book Series - Edición Español

© Copyright 2022, Fig Factor Media, LLC.
Todos los derechos reservados.

Todos los derechos reservados. Ninguna parte de este libro puede ser reproducida por procedimientos mecánicos, fotográficos o electrónicos, ni puede ser almacenada en un sistema de recuperación, transmitida en cualquier forma o copiada de otra manera para uso público o privado sin el permiso escrito del propietario del copyright.

Se vende con el entendimiento de que el editor y los autores individuales no se dedican a la prestación de asesoramiento psicológico, legal, contable o de otro tipo profesional. El contenido y los puntos de vista de cada capítulo son la única expresión y opinión de su autor y no necesariamente las opiniones de Fig Factor Media, LLC.

Para más información, póngase en contacto con:

Fig Factor Media, LLC | www.figfactormedia.com

Diseño y maquetación de la portada por Juan Pablo Ruiz
Impreso en los Estados Unidos de América

ISBN: 978-1-957058-47-4
Library of Congress Control Number: 2022911938

DEDICATORIA

Dedico este libro a mi familia.
A mi padre, mi esposo Cesar, mi hijo Edgar en el cielo, mis hijos Ashlee, Yaid y Aarón quienes me dieron fuerza para volver a encontrar el sentido a la vida.

AGRADECIMIENTOS

Quiero empezar dando gracias a Dios y a la vida. Decirle a mi esposo y a mis hijos lo infinitamente agradecida que estoy con ellos por ser mi motor para vivir. A mis padres por traerme a este mundo, y en particular a mi papá, quien venció un derrame cerebral y me motivó a escribir este libro.

A mi hijo Edgar, quien está en el cielo y fue mi gran maestro de vida.

A Jacqueline Camacho por darme la oportunidad de escribir este libro, el cual ha sido una gran experiencia para recordar todo lo que he trascendido desde la pérdida de mi hijo hace tres años, motivándome a vivir plenamente cada instante, disfrutando y amando cada momento de mi vida.

INTRO

La vida está llena de lecciones y aprendizajes. En mi caso, el dolor ha sido mi más grande maestro. Me ha enseñado a reconocer aspectos de mi ser que ni siquiera sabía que existían; me enseñó a valorar más mis afectos, me hizo replantearme mi propósito y rol en este camino, repensar mis valores y sobre todo, reflexionar profundamente acerca del significado de la vida. En pocas palabras, me enseñó a honrar y amar la VIDA.

La palabra "vivir" me atraviesa a un nivel muy personal. Luego de haber experimentado el dolor desgarrador de la pérdida de un hijo, creí que jamás podría volver a disfrutar de la vida, pero esa sensación de desolación y tristeza fue la que me hizo despertar. Me enseñó a VIVIR y a valorar la vida de verdad.

Vivir es amar intensamente a través de una caricia, es escuchar en silencio la palabra del ser amado, es perdonar una ofensa, es sentir la presencia del otro, es besar con amor a quien nos ama. Vivir es vibrar y sentir, es amar y gozar, es observar y superar, es dar y aceptar, es comprender que nuestro tiempo es lo único que poseemos para alcanzar la plenitud de nuestro ser.

Saber vivir es un arte.

Que no se aprende, ¡se vive!...
Camina, no te detengas, ¡volver atrás no es una opción!
Sueña las ilusiones, ¡los deseos son el motor del alma!
Ama porque la dicha de amar te hace humano;
Canta, juega, baila, grita, llora, aprende…
Puedes caer pero siempre levantarte y continuar
Sé tú mismo, ¡vive!
En cuanto dependa de ti, sé feliz y sonríe porque
LA VIDA ES BELLA.

—Anónimo

VOLVER A VIVIR DESPUÉS DE PERDER A MI HIJO EN UN ACCIDENTE DE CARRO

Tras la muerte de mi hijo a sus 21 años de edad, en un accidente trágico e inesperado, olvidé el sentido de la vida y por unos años perdí la ilusión de vivir.

Yo disfrutaba de las cosas simples, como correr en la naturaleza, tomar una copa de vino, un buen chocolate, sin embargo, después de perder a mi hijo un dolor profundo me envolvió y pensé que jamás volvería a disfrutar de todo eso.
Pasaron los años y tuve la dicha de poder disfrutar nuevamente de las pequeñas cosas de la vida, y así volver a vivir y encontrar el sentido de la vida.

Habían dos caminos posibles: la desesperanza o la esperanza. Hay que reaprender a vivir, sin prisa pero sin detenerse, día a día, con interminable paciencia, misericordia, auto comprensión y AMOR. Encontrándole nuevos sentidos a la vida es como se puede volver a VIVIR.

El dolor y el sufrimiento son los grandes maestros de la vida. Nos enseñan a reconocer aspectos de nosotros mismos, a valorar la vida y a los que están cerca de nosotros.

Nos hacen pensar en cosas más profundas, nos ayudan a detenernos para decidir si queremos continuar sin cambios o mejorar nuestros valores.

También nos invitan a honrar y amar más la vida.

Todo tiene un sentido para VIVIR, sólo hay que descubrirlo.

Puedes encontrar el sentido de VIVIR en toda aquella acción que implique dar, ayudar u ofrecer un servicio a otros.

Tus experiencias con el mundo te ayudan a encontrar el sentido de VIVIR, también la experiencia del encuentro con el otro a través del amor, del arte y la naturaleza.

La actitud con la que enfrentas la vida te ayuda a VIVIR.

"A pesar de todo… sí a la vida"

PARA MÍ, VIVIR DE VERDAD ES DISFRUTAR DE LOS PEQUEÑOS INSTANTES Y DE LAS PERSONAS QUE MÁS AMAS; ES ADMIRAR LA NATURALEZA, BAILAR, CANTAR, Y HACER TODO LO QUE TE HAGA VIBRAR EL ALMA.

Vivir es vibrar con la fuerza que te da el amor para levantarte del más profundo dolor.

Vivir es sentir que nuestro existir no fue en vano, es atrevernos a dar lo mejor de nosotros en cada momento para lograr manifestar la grandeza de nuestra alma.

Vivir es vibrar y sentir, es amar y gozar, es observar y superar, es dar y aceptar, es comprender que nuestro tiempo es lo único que poseemos para alcanzar la plenitud de nuestro ser.

Reflexiona sobre la Vida:

¿Qué te motiva?
¿Qué te hace vibrar alto?
¿Qué te llena el alma?

Vive el momento, disfruta cada instante, conéctate contigo mismo, aprende a vivir y valora la vida.
Empieza a VIVIR a partir de hoy. Vive por encima de los golpes del destino.

No desperdicies un sólo día de tu vida enojado porque la vida es muy corta.

Diles a los demás que los amas, concede tus perdones y da gracias cada vez que puedas. Haz la diferencia en la vida de las personas que te rodean.

Piensa cómo te gustaría ser recordado y vive de esa manera.

mismo, aprende a vivir y valora la vida.
Empieza a VIVIR a partir de hoy. Vive por encima de los golpes del destino.

¡Nunca estés tan ocupado ganándote la vida que olvides vivirla!

La vida no se mide en minutos, se mide en recuerdos.

¿Cuántos recuerdos has escrito en el libro de tu vida?

¿Te gustan los recuerdos que estás escribiendo?, nunca es tarde para cambiarlos y crear recuerdos nuevos.

¿Qué recuerdos te gustaría dejar a tus seres queridos?

PREGUNTAS.

¿Vives o sobrevives?

¿Qué puedo hacer ahora para tener una vida mejor?

¿Cuántos sueños te quedan por alcanzar?

¿Qué te hace vibrar?

¿Cuál es el sentido de tu vida?

Si fueras a morir mañana, ¿cómo vivirías el día de hoy?

EL TREN DE LA VIDA

La vida es como un viaje en tren, con sus estaciones, sus cambios de vías, sus accidentes. Al nacer subimos y nos encontramos con nuestros padres, creemos que siempre viajarán a nuestro lado, pero en alguna estación bajarán y nos dejarán solos en nuestro viaje.

De la misma forma se subirán otras personas que serán significativas: nuestros hermanos, amigos, hijos y hasta el amor de nuestra vida. Muchos bajarán y dejarán un vacío permanente. Otros pasarán tan desapercibidos que ni nos daremos cuenta cuando desocupen sus asientos.

Este viaje estará lleno de alegrías, tristezas, fantasías, esperas y despedidas. El éxito consiste en tener una buena relación con todos los pasajeros, en dar lo mejor de nosotros. El gran misterio para todos es el no saber en qué estación nos bajaremos.

Por eso debemos vivir de la mejor manera; amar, perdonar, ofrecer lo mejor de nosotros. Así, cuando llegue el momento de bajar quedando nuestro asiento vacío, habremos dejado bonitos recuerdos para los que continúen viajando en el tren de la vida.

–Anónimo

AMA LA VIDA, SÓLO SE VIVE UNA VEZ.

ACERCA DEL AUTOR

Coach de Vida- Organizadora de eventos- Autora galardonada.

Beatriz Cantú es conocida como una influyente oradora motivacional y líder comunitaria que empodera a jóvenes y mujeres. Una visionaria apasionada y emprendedora respetada con más de 15 años de experiencia en la gestión de planificación de eventos.

Fundadora y directora ejecutiva de "*Sweet 15 Magazine*", una revista de quinceañeras con sede en Chicago. Creadora de "*Quinceañera Planner*".

Es Coach de Vida, cuenta con una licencia CADC (Consejera Certificada en Adicciones al Alcohol y Drogas) por parte de New Hope School. Obtuvo un diploma en Tanatología Contemporánea y otro en Logoterapia.

Galardonada con numerosos reconocimientos, entre los que destacan: "*Inspiring Latina Mom Award*" por parte de Latinas Voice 2021 y "*Negocios Now 2017, Top 40 Latinos Under 40*".

Beatriz ha sido autora en tres ocasiones: *Today's Inspired Latina*, volumen 1, 2015. *Pandilla de los Valores*, 2019 (autora galardonada) y *Volver a Vivir*, 2020. Reside en el medio oeste de los Estados Unidos, con su esposo Cesar Cantú y sus tres hijos.

BEATRIZ CANTÚ
+1 (815) 608-1849
beatrizccantu@gmail.com

www.ingramcontent.com/pod-product-compliance
Lightning Source LLC
Chambersburg PA
CBHW060411010526
44107CB00006B/653